Impressum
Verlag: BABADADA GmbH, Nedderfeld 112 , 22529 Hamburg
Geschäftsführer / Verlagsleitung: Harald Hof
Druck: Books on Demand GmbH, In de Tarpen 42, 22848 Norderstedt

Imprint
Publisher: BABADADA GmbH, Nedderfeld 112 , 22529 Hamburg, Germany
Managing Director / Publishing direction: Harald Hof
Print: Books on Demand GmbH, In de Tarpen 42, 22848 Norderstedt, Germany

a împărți
ділити

186/2

tablă
дошка

sală de clasă
класна кімната

curte a școlii
шкільний двір

profesor
вчитель

hârtie
папір

a scrie
писати

instrument de scris
ручка

masa de birou
письмовий стіл

riglă
лінійка

carte
книга

elev
учень

ghiozdan

ранець

penar

пенал

creion

олівець

ascuțitoare

точило

radieră

гумка

bloc de desen

альбом для малювання

desen

малюнок

pensulă

пензель

cutie de acuarele

коробка фарб

foarfece

ножиці

lipici

клей

caiet de exerciţii

зошит

temă

домашнє завдання

număr

число

2+2

a aduna

додавати

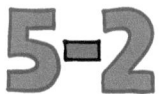

a scădea

віднімати

a multiplica

множити

a calcula

рахувати

literă

літера

ABCDEFG
HIJKLMN
OPQRSTU
VWXYZ

alfabet

абетка

cuvânt

слово

text

текст

a citi

читати

cretă

крейда

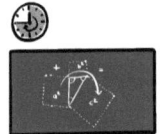

oră

година

catalog

класний журнал

examen

екзамен

certificat

диплом

uniformă școlară

шкільна форма

educație

освіта

enciclopedie

лексикон

universitate

університет

microscop

мікроскоп

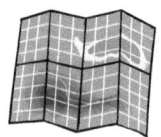

hartă

карта

coș de gunoi

кошик для паперу

școală - школа

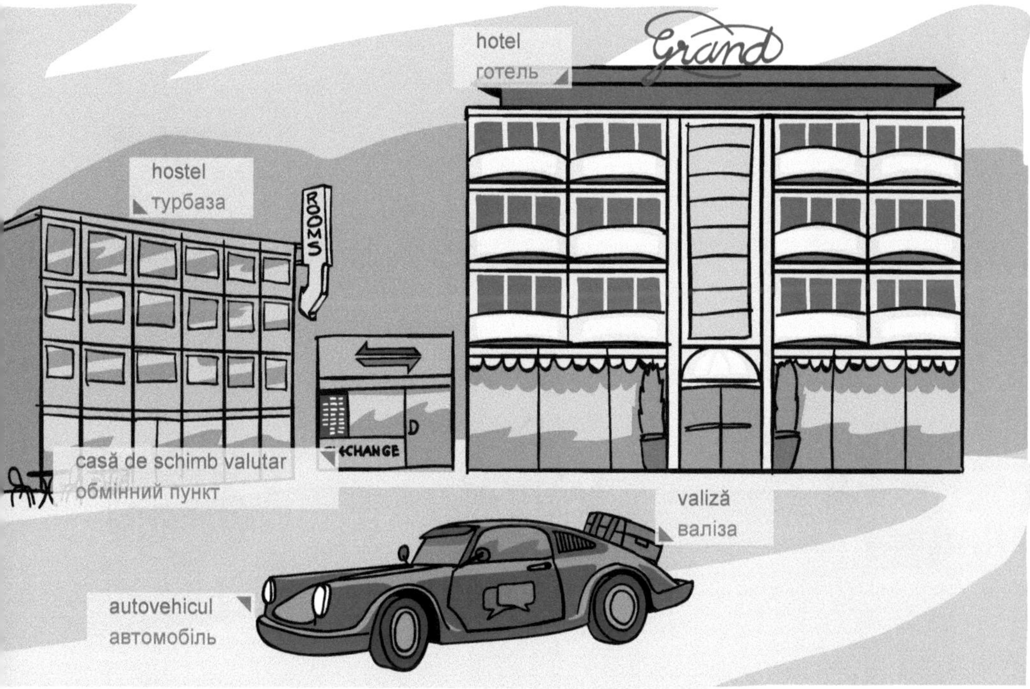

hotel
готель
Grand
hostel
турбаза
ROOMS
CHANGE
casă de schimb valutar
обмінний пункт
valiză
валіза
autovehicul
автомобіль

limbă

мова

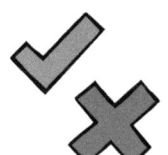

da/nu

так / ні

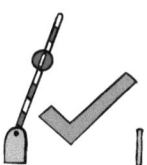

okay

добре

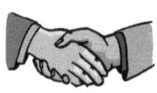

Bună!

привіт

interpret

перекладач

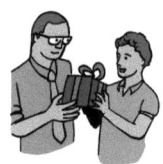

mulțumesc

дякую

Cât costă...?

Скільки коштує ...?

Nu înțeleg

Я не розумію

problemă

проблема

Bună seara!

Добрий вечір!

Bună dimineața!

Доброго ранку!

Noapte bună!

На добраніч!

la revedere

До побачення

direcție

напрямок

bagaj

багаж

geantă

сумка

rucsac

рюкзак

oaspete

гість

cameră

кімната

sac de dormit

спальний мішок

cort

намет

punct de informare turistică

туристична інформація

plajă

пляж

carte de credit

кредитна картка

mic dejun

сніданок

masa de prânz

обід

cină

вечеря

bilet de călătorie

квиток

lift

ліфт

timbru poștal

поштова марка

graniță

межа

vamă

митниця

ambasadă

посольство

viză

віза

pașaport

паспорт

transport
транспорт

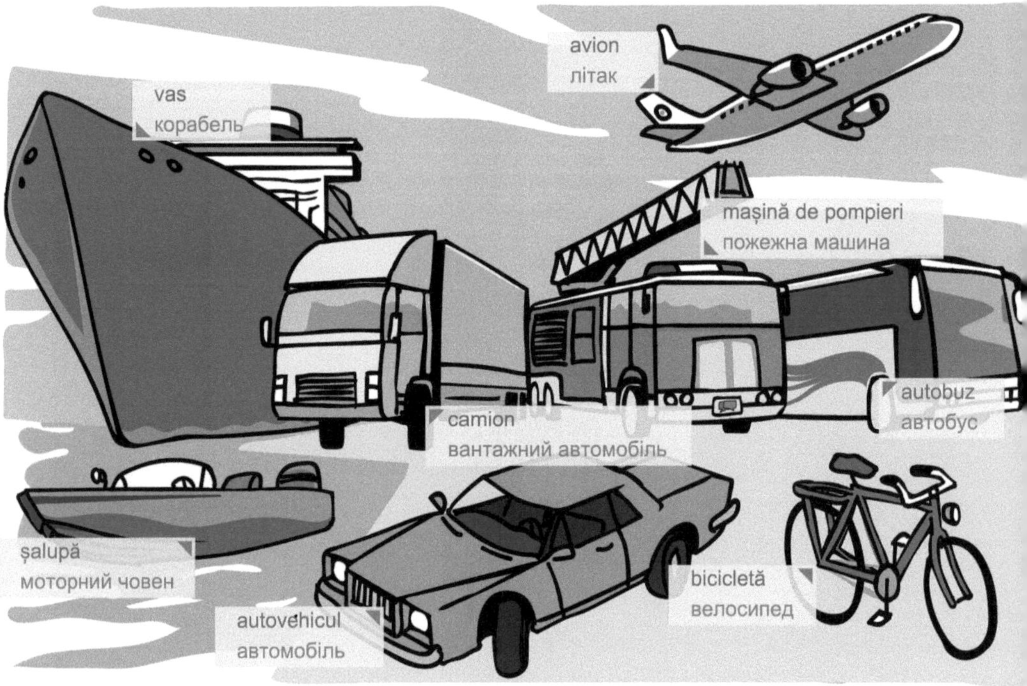

avion
літак

vas
корабель

maşină de pompieri
пожежна машина

autobuz
автобус

camion
вантажний автомобіль

şalupă
моторний човен

bicicletă
велосипед

autovehicul
автомобіль

feribot

пором

barcă

човен

motocicletă

мотоцикл

maşină de poliţie

поліцейська машина

maşină de curse

гоночний автомобіль

maşină închiriată

автомобіль на прокат

8

car sharing

спільне користування авто

mașină de tractat

евакуатор

mașină de gunoi

сміттєвоз

motor

двигун

combustibil

паливо

benzinărie

автозаправна станція

semn de circulație

дорожній знак

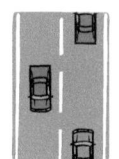

trafic

рух

ambuteiaj

затор

parcare

стоянка

gară

вокзал

șine

рейки

tren

потяг

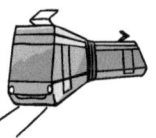

tramvai

трамвай

vagon

вагон

transport - транспорт

elicopter

гелікоптер

aeroport

аеропорт

turn

вежа

pasager

пасажир

container

контейнер

carton

коробка

căruță

візок

coș

кошик

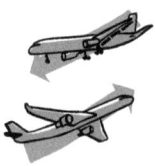

a decola/a ateriza

стартувати / приземлятися

oraș

місто

sat

село

centru

центр міста

casă

дім

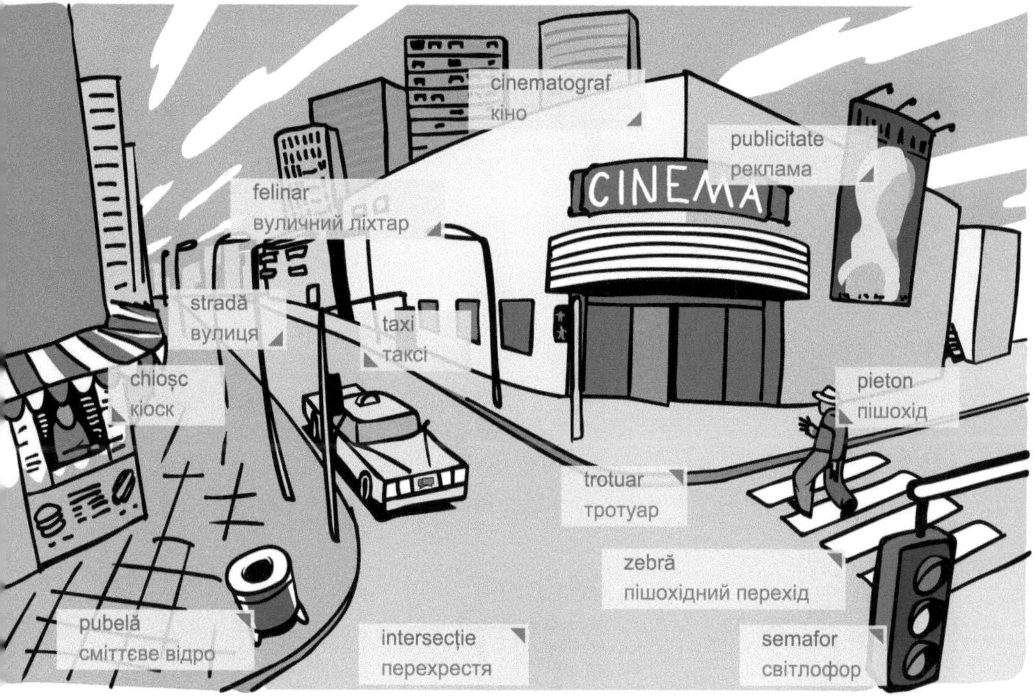
cinematograf
кіно
publicitate
реклама
CINEMA
felinar
вуличний ліхтар
stradă
вулиця
taxi
таксі
chioșc
кіоск
pieton
пішохід
trotuar
тротуар
zebră
пішохідний перехід
pubelă
сміттєве відро
intersecție
перехрестя
semafor
світлофор

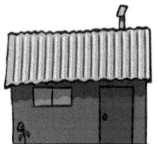

cabană

хатина

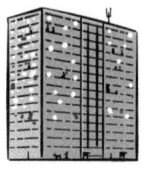

apartament

квартира

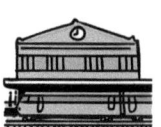

gară

вокзал

primărie

ратуша

MUSEUM

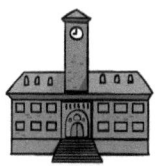

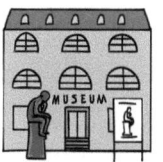

muzeu

музей

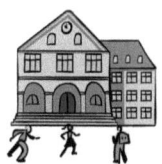

școală

школа

universitate

університет

bancă

банк

spital

лікарня

hotel

готель

farmacie

аптека

birou

офіс

librărie

книжковий магазин

magazin

магазин

florărie

квітковий магазин

supermarket

супермаркет

piață

ринок

magazin universal

універмаг

comerciant de pește

торговець рибою

centru comercial

торговельний центр

port

гавань

parc

парк

bancă

лава

pod

міст

trepte

сходи

metrou

метро

tunel

тунель

staţie de autobuz

автобусна зупинка

bar

бар

restaurant

ресторан

cutie poştală

поштова скринька

tăbliţă indicatoare cu numele străzii

вулична табличка

parcometru

лічильник паркування

grădină zoologică

зоопарк

piscină

басейн

moschee

мечеть

gospodărie țărănească

ферма

poluare

забруднення навколишнього середовища

cimitir

кладовище

biserică

церква

loc de joacă

дитячий майданчик

templu

храм

peisaj

ландшафт

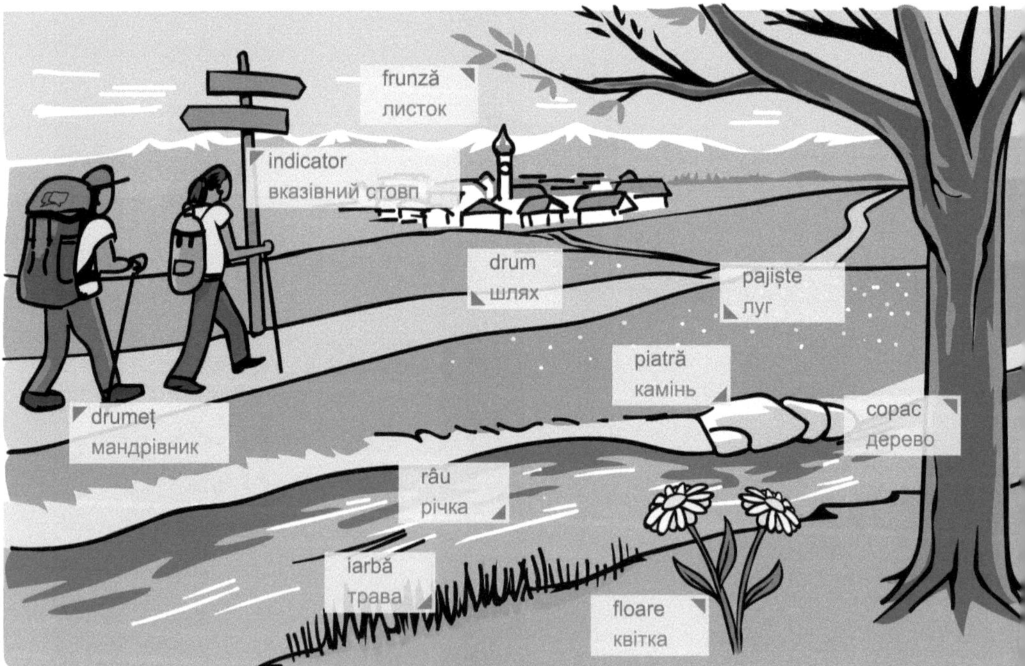

frunză
листок

indicator
вказівний стовп

drum
шлях

pajiște
луг

piatră
камінь

copac
дерево

drumeț
мандрівник

râu
річка

iarbă
трава

floare
квітка

vale

долина

deal

гора

lac

озеро

pădure

ліс

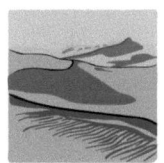

deșert

пустеля

vulcan

вулкан

castel

замок

curcubeu

веселка

ciupercă

гриб

palmier

пальма

țânțar

комар

muscă

муха

furnică

мурашка

albină

бджола

păianjen

павук

gândac

жук

broască

жаба

veveriță

вивірка

arici

їжак

iepure

заєць

bufniță

сова

pasăre

птах

lebădă

лебідь

porc mistreț

кабан

cerb

олень

elan

лось

dig

гребля

turbină eoliană

вітряк

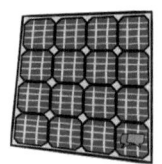

panou solar

сонячний модуль

climă

клімат

chelnăr
офіціант

meniu
меню

scaun
стілець

supă
суп

pizza
піца

tacâmuri
столові прилади

față de masă
скатертина

antreu
закуска

fel principal
друга страва

desert
десерт

băuturi
напої

mâncare
їжа

sticlă
пляшка

fastfood

фаст-фуд

streetfood

вулична їжа

ceainic

чайник

zaharniță

цукорниця

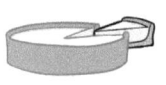

porție

порція

espressor

еспресо-машина

scaun înalt (pentru copii)

високий стільчик

factură

рахунок

tavă

піднос

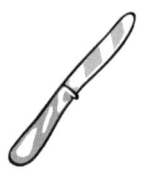

cuțit

ніж

furculiță

вилка

lingură

ложка

linguriță

чайна ложка

șervețel

серветка

pahar

склянка

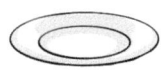

farfurie

тарілка

farfurie de supă

тарілка для супу

farfurie

блюдце

sos

соус

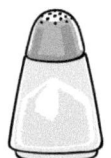

solniță

солонка

râșniță de piper

млин для перцю

oțet

оцет

ulei

масло

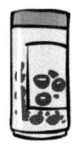

condimente

спеції

ketchup

кетчуп

muștar

гірчиця

maioneză

майонез

supermarket

супермаркет

ofertă
пропозиція
FOR
client
клієнт
produse lactate
молочні продукти
fructe
фрукти
cărucior de cumpărături
візок для покупок

BUTCHERS

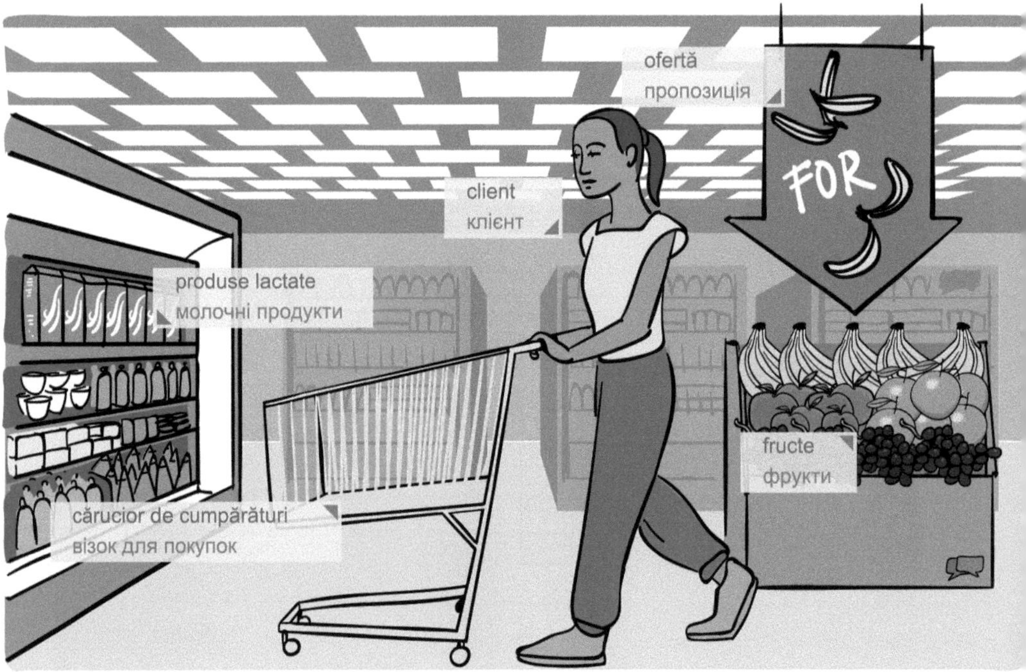

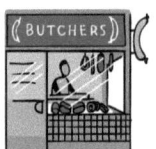

măcelărie

м'ясний магазин

BAKERY

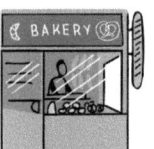

brutărie

пекарня

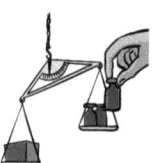

a cântări

зважувати

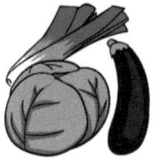

legume

овочі

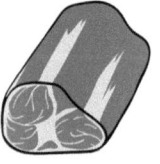

carne

м'ясо

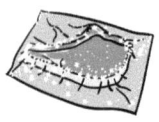

alimente refrigerate

заморожені продукти

mezeluri și brânzeturi feliate

ковбасна нарізка

conserve

консерви

detergent

пральний порошок

dulciuri

солодощі

articole de menaj

предмети домашнього побуту

produse de curățenie

мийний засіб

vânzătoare

продавщиця

casă

каса

casier

касир

listă de cumpărături

список покупок

orar

часи роботи

portmoneu

гаманець

carte de credit

кредитна картка

geantă

сумка

pungă de plastic

поліетиленовий пакет

apă

вода

suc

сік

lapte

молоко

cola

кола

vin

вино

bere

пиво

alcool

алкоголь

cacao

какао

ceai

чай

cafea

кава

espresso

еспресо

cappucino

капучіно

banane

банан

măr

яблуко

portocală

апельсин

pepene

кавун

lămâie

лимон

morcov

морква

usturoi

часник

bambus

бамбук

ceapă

цибуля

ciupercă

гриб

nuci

горішки

paste făinoase

локшина

spagheti

спагеті

orez

рис

salată

салат

cartofi prăjiți

картопля фрі

cartofi țărănești

смажена картопля

pizza

піца

hamburger

гамбургер

sandwich

бутерброд

șnițel

шніцель

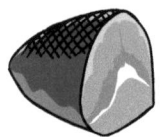

șuncă

шинка

salam

салямі

cârnați

ковбаса

pui

курка

friptură

печеня

pește

риба

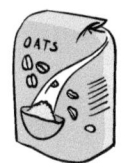

fulgi de ovăz

вівсяні пластівці

musli

мюслі

cereale

кукурудзяні пластівці

făină

борошно

corn

круасан

chifle

булочка

pâine

хліб

pâine prăjită

тостовий хліб

biscuiți

печиво

unt

масло

brânză de vaci

сир

prăjitură

пиріг

ou

яйце

ouă ochiuri

яєчня

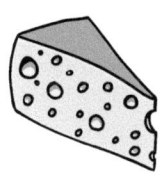

brânză

сир

înghețată

морозиво

zahăr

цукор

miere

мед

marmeladă

мармелад

cremă nuga

нуга-крем

curry

карі

gospodărie țărănească
ферма

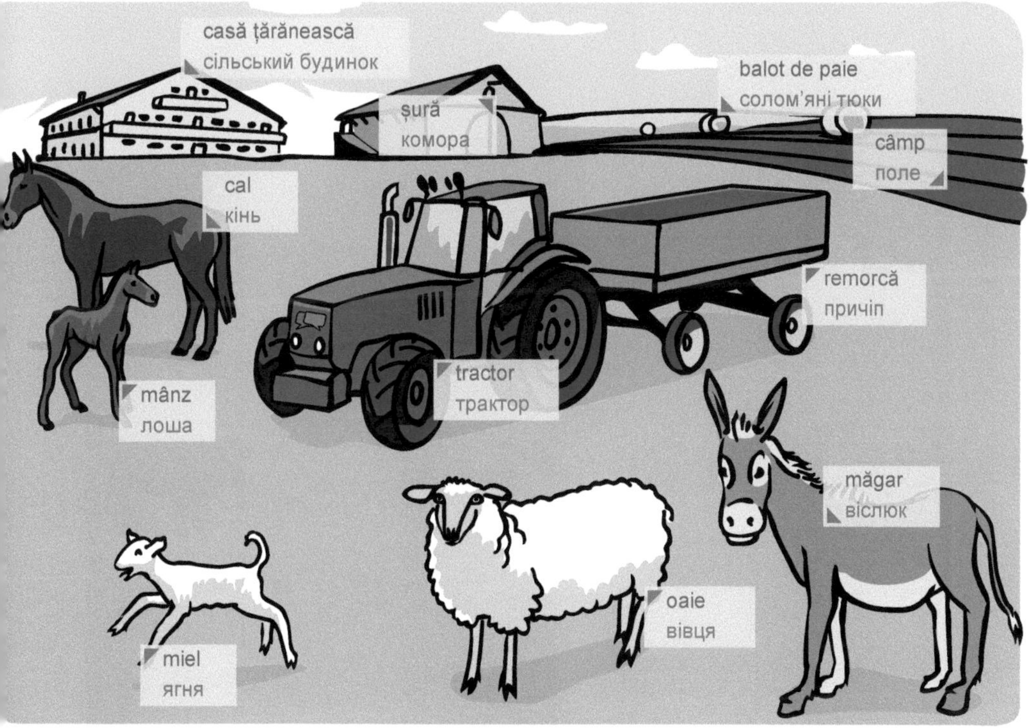
casă țărănească
сільський будинок
balot de paie
солом'яні тюки
șură
комора
câmp
поле
cal
кінь
remorcă
причіп
tractor
трактор
mânz
лоша
măgar
віслюк
oaie
вівця
miel
ягня

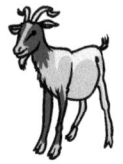

capră
коза

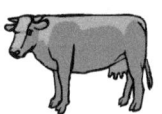

vacă
корова

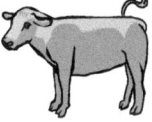

vițel
теля

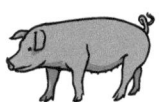

porc
свиня

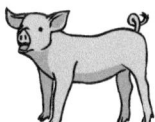

purcel
порося

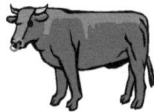

taur
бик

găină

гусак

rață

качка

pui

курча

găină

курка

cocoș

півень

șobolan

щур

pisică

кіт

șoarece

миша

bou

віл

câine

собака

cușcă

собача будка

furtun de grădină

садовий шланг

stropitoare

лійка

coasă

коса

plug

плуг

seceră

серп

sapă

мотика

furcă

вила

secure

сокира

roabă

тачка

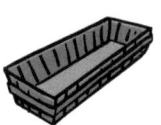

troacă

корито

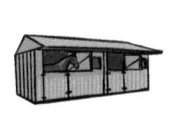

cană pentru lapte

бідон молока

sac

мішок

gard

паркан

grajd

хлів

seră

теплиця

sol

ґрунт

sămânță

насіння

fertilizator

добриво

combină de treierat

комбайн

a culege

пожинати

recoltă

урожай

cartof yam

корінь ямсу

grâu

пшениця

soia

соя

cartof

картопля

porumb

кукурудза

rapiță

ріпак

pom fructifer

плодове дерево

manioc

маніок

cereale

злаки

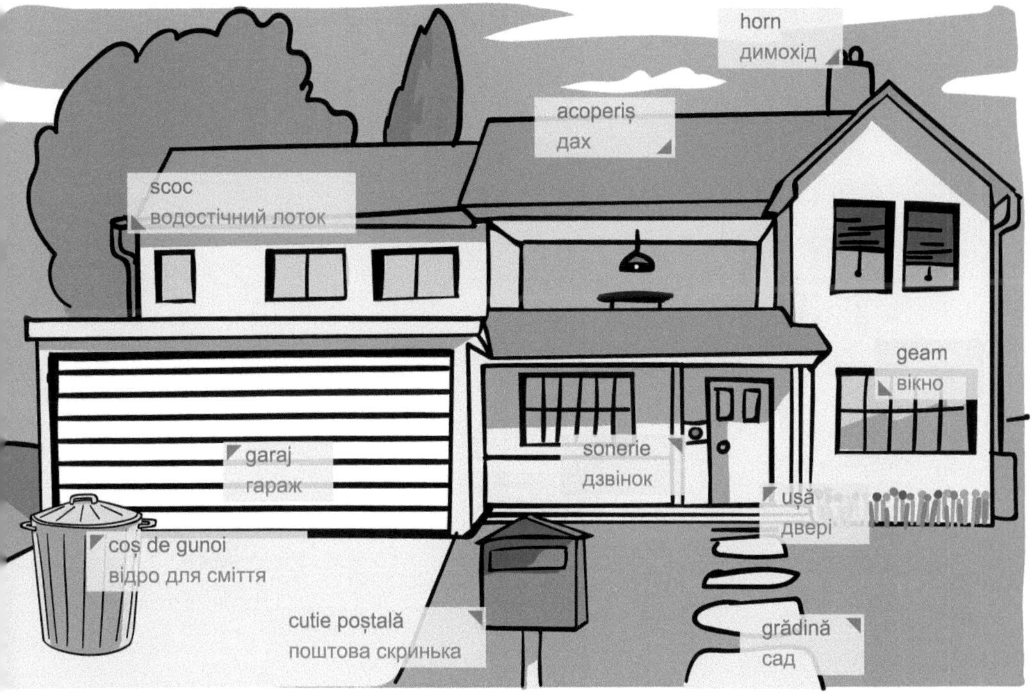

horn
димохід

acoperiş
дах

scoc
водостічний лоток

geam
вікно

garaj
гараж

sonerie
дзвінок

uşă
двері

coş de gunoi
відро для сміття

cutie poştală
поштова скринька

grădină
сад

cameră de zi

вітальня

baie

ванна кімната

bucătărie

кухня

dormitor

спальня

camera copiilor

дитяча кімната

sufragerie

їдальня

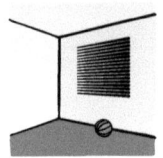

podea

підлога

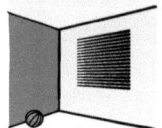

perete

стіна

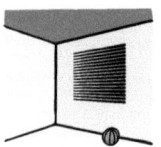

tavan

стеля

pivniță

підвал

saună

сауна

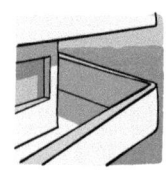

balcon

балкон

terasă

тераса

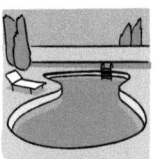

piscină

басейн

mașină de tuns iarba

косарка

cearșaf

простирало

cuvertură

ковдра

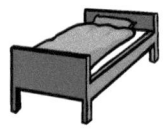

pat

ліжко

mătură

мітла

găleată

відро

întrerupător

перемикач

cameră de zi
вітальня

tapet
шпалери
pictură
малюнок
lampă
лампа
raft
поличка
dulap
шафа
televizor
телевізор
șemineu
камін
floare
квітка
pernă
подушка
sofa
диван
vază
ваза
telecomandă
пульт

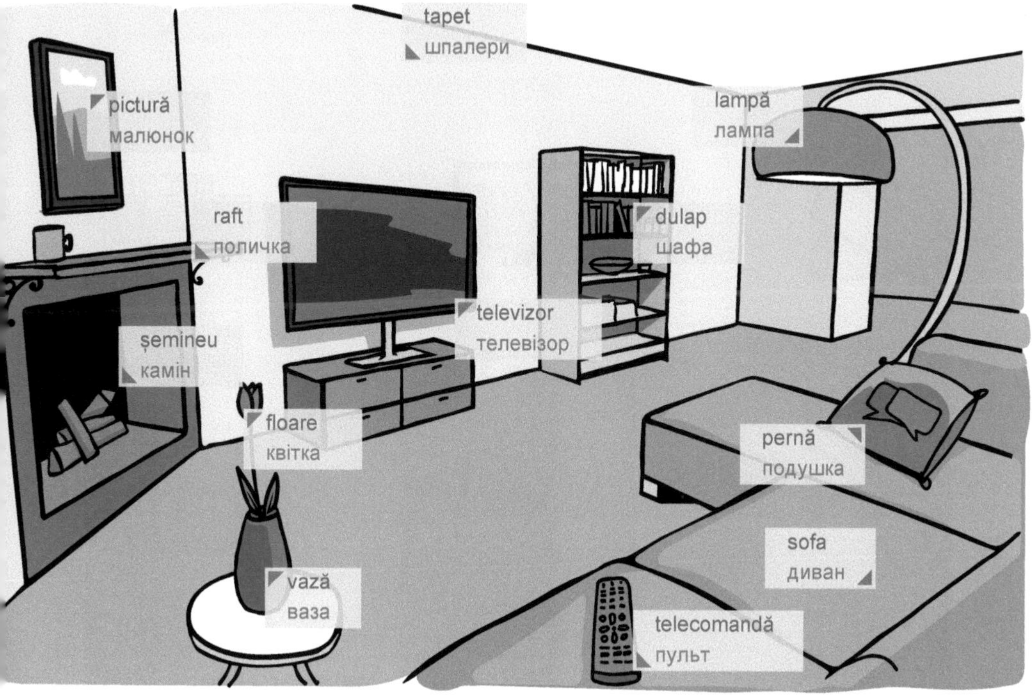

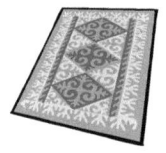

covor
килим

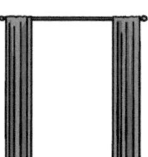

perdea
завіса

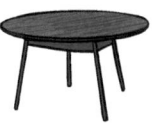

masă
стіл

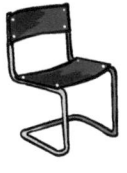

scaun
стілець

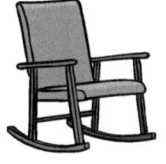

balansoar
крісло-гойдалка

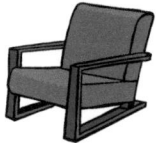

fotoliu
крісло

carte

книга

pătură

ковдра

decoraţiune

прикраса

lemn de foc

дрова

film

фільм

instalaţie stereo

стереосистема

cheie

ключ

ziar

газета

desen

картина

poster

плакат

radio

радіо

caiet de notiţe

блокнот

aspirator

пилосос

cactus

кактус

lumânare

свічка

bucătărie

кухня

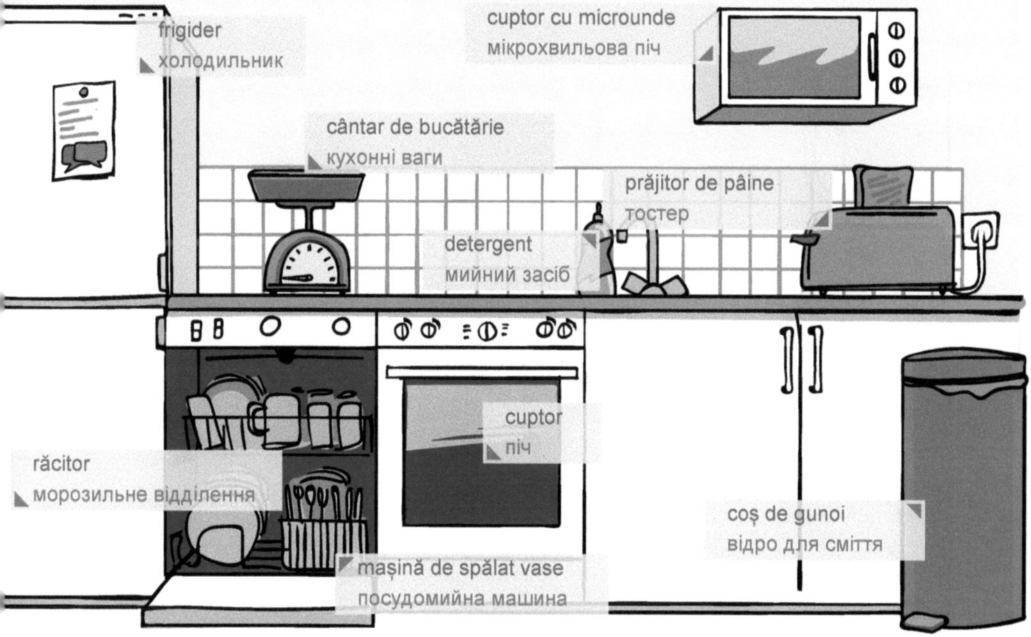

frigider
холодильник
cuptor cu microunde
мікрохвильова піч
cântar de bucătărie
кухонні ваги
prăjitor de pâine
тостер
detergent
мийний засіб
cuptor
піч
răcitor
морозильне відділення
coş de gunoi
відро для сміття
maşină de spălat vase
посудомийна машина

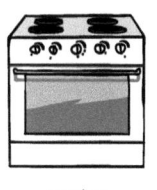

cuptor

плита

oală

горщик

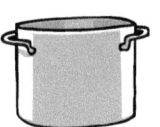

oală de metal

чавунний горщик

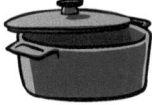

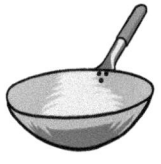

wok/kadai

вок / кадай

tigaie

сковорода

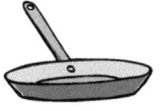

ceainic

чайник

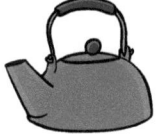

oală de gătit cu aburi

пароварка

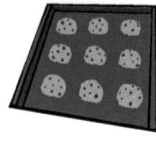

tavă de copt

лист

veselă

посуд

pahar

кухоль

bol

чаша

bețișoare

палички для їжі

polonic

черпак

spatulă

лопатка

tel

вінчик для збивання

sită

сито

sită

сито

răzătoare

терка

mojar

ступка

grătar

барбекю

loc pentru grătar

багаття

tocător

дошка

sucitor

качалка

tirbuşon

штопор

conservă

конзерва

deschizător de conserve

відкривачка

şervete termice

прихватки

chiuvetă

раковина

perie

щітка

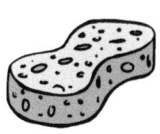

burete

губка

mixer

міксер

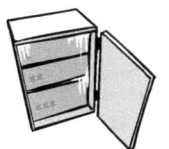

ladă frigorifică

морозильна камера

biberon

дитяча пляшка

robinet

кран

baie

ванна кімната

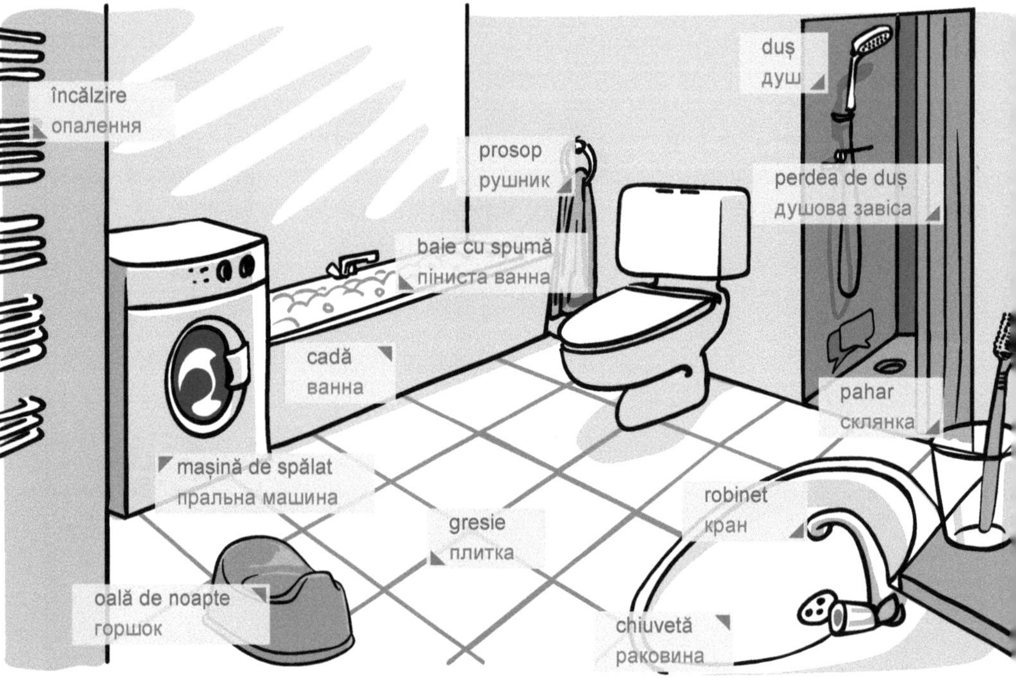

încălzire
опалення
duș
душ
prosop
рушник
perdea de duș
душова завіса
baie cu spumă
приниста ванна
cadă
ванна
pahar
склянка
mașină de spălat
пральна машина
robinet
кран
gresie
плитка
oală de noapte
горшок
chiuvetă
раковина

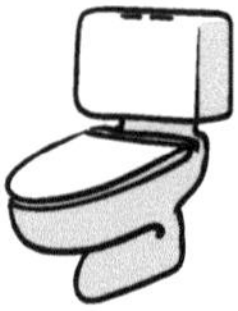

toaletă

туалет

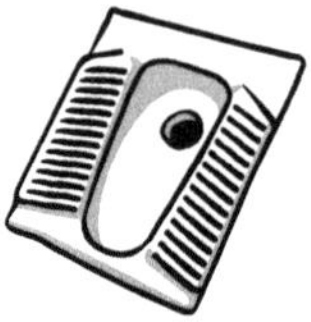

toaletă turcescă

підлоговий туалет

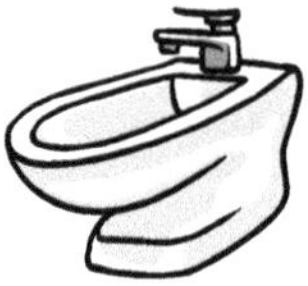

bideu

біде

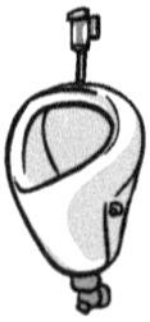

pisoir

пісуар

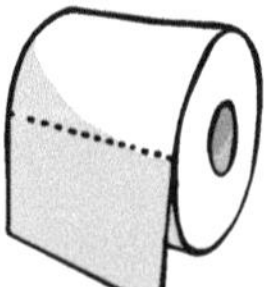

hârtie igienică

туалетний папір

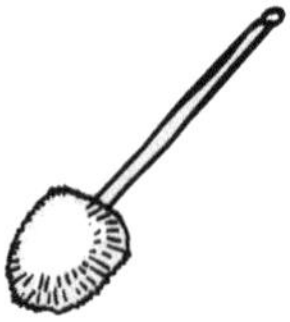

perie de toaletă

щітка для туалету

periuță de dinți

зубна щітка

pastă de dinți

зубна паста

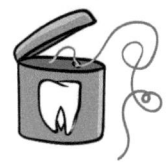

ață dentară

нитка для чищення зубів

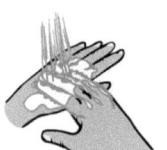

a spăla

мити

cap de duș

ручний душ

duș intim

інтимний душ

lavoar

таз

perie pentru spate

щітка для спини

săpun

мило

gel de duș

гель для душу

șampon

шампунь

cârpă de spălat

мочалка

scurgere

водостік

cremă

крем

deodorant

дезодорант

oglindă

дзеркало

oglindă cosmetică

косметичне дзеркало

aparat de ras

бритва

spumă de ras

піна для гоління

aftershave

лосьйон після гоління

pieptene

гребінь

perie

щітка

uscător de păr

фен

fixator

лак для волосся

machiaj

косметика

ruj

губна помада

lac de unghii

лак для нігтів

vată

вата

foarfece de unghii

ножиці для нігтів

parfum

парфум

baie - ванна кімната

neseser

косметичка

taburet

табурет

cântar

ваги

halat de baie

халат

mănuși de cauciuc

гумові рукавички

tampon

тампон

tampon

гігієнічні прокладки

toaletă chimică

біотуалет

camera copiilor

дитяча кімната

ceas deșteptător
будильник
jucărie de pluș
м'яка іграшка
mașină de jucărie
іграшковий автомобіль
morișcă
брязкальце
casă de păpuși
ляльковий будиночок
cadou
подарунок

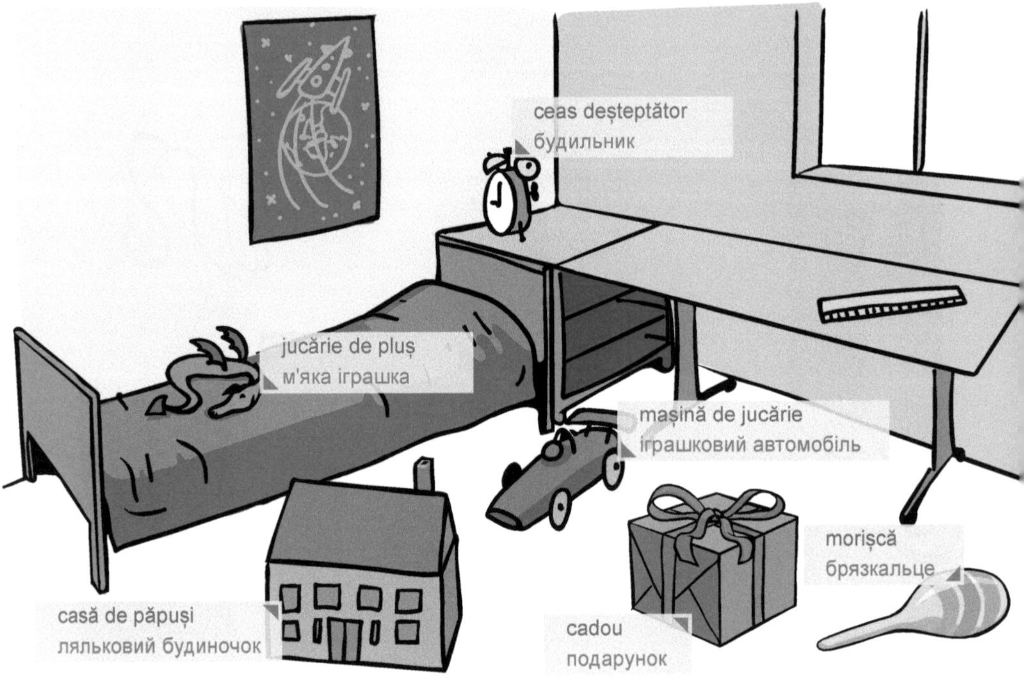

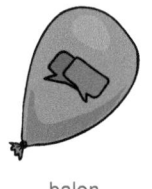

balon
повітряна кулька

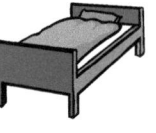

pat
ліжко

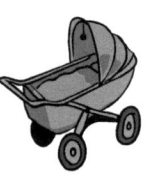

cărucior de copii
дитячий візок

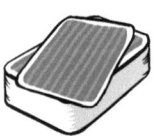

joc de cărți
картярська гра

puzzle
пазл

SUPER
MEGA

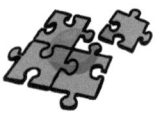

revistă de benzi desenate
комікс

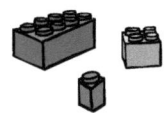

cuburi lego

лего цеглинки

piese pentru construcţii

блоки

personaj din filmele de acţiune

іграшкова фігурка

body

повзунки

frisbee

фризбі

mobil

мобіле

joc de societate

настільна гра

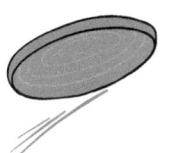

zar

кубик

set trenuleţ de jucărie

модель залізнична станція

suzetă

соска

petrecere

вечірка

carte cu poze

книжка з картинками

minge

м'яч

păpuşă

лялька

a se juca

грати

groapă de nisip

пісочниця

leagăn

гойдалка

jucării

іграшка

consolă video

гральна консоль

tricicletă

триколісний велосипед

ursuleț

плюшевий мішка

dulap

шафа

îmbrăcăminte

одяг

șosete

шкарпетки

ciorapi

панчохи

dres

колготки

șal
шарф

umbrelă
парасоля

tricou
футболка

curea
ремінь

cizme
чоботи

papuci
домашнє взуття

pantofi sport
кросівки

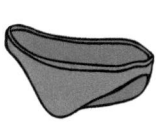

sandale
сандалі

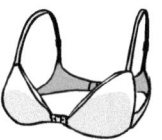

încălțăminte
взуття

cizme de cauciuc
гумові чоботи

chilot
труси

sutien
бюстгальтер

maiou
нижня сорочка

îmbrăcăminte - одяг

body

боді

pantaloni

штани

blugi

джинси

fustă

спідниця

bluză

блузка

cămaşă

сорочка

pulover

пуловер

jerseu

светр

sacou

піджак

jachetă

куртка

palton

пальто

pelerină de ploaie

дощовик

costum

костюм

rochie

сукня

rochie de mireasă

весільна сукня

costum

костюм

cămașă de noapte

нічна сорочка

pijama

піжама

sari

capi

batic

головна хустка

turban

чалма

burka

бурка

caftan

кафтан

abaya

абая

costum de baie

купальник

șort

плавки

pantaloni scurți

шорти

trening

тренувальний костюм

șorț

фартух

mănuși

рукавички

nasture

гудзик

ochelari

окуляри

brățară

браслет

lanț

ланцюг

inel

кільце

cercel

сережка

căciulă

шапка

umeraș

плічка

pălărie

капелюх

cravată

краватка

fermoar

застібка-блискавка

cască

шолом

bretele

підтяжки

uniformă școlară

шкільна форма

uniformă

уніформа

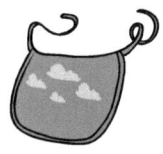

bavețică

нагрудник

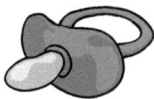

suzetă

соска

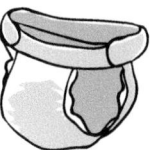

scutec

підгузок

birou
офіс

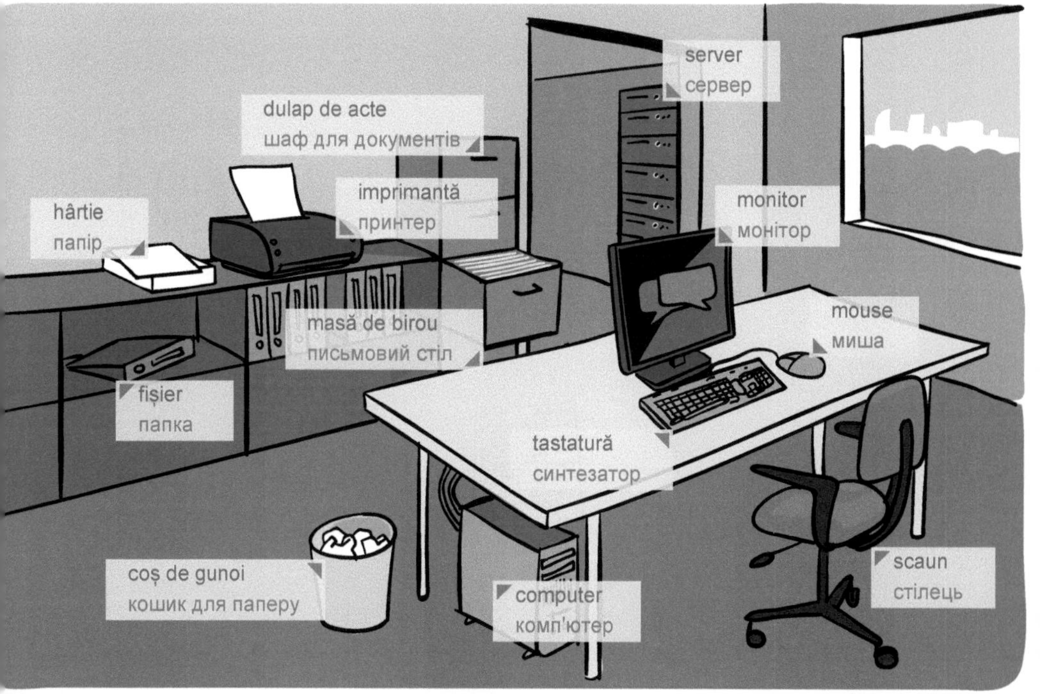

server
сервер
dulap de acte
шаф для документів
imprimantă
принтер
hârtie
папір
monitor
монітор
mouse
миша
masă de birou
письмовий стіл
fișier
папка
tastatură
синтезатор
coș de gunoi
кошик для паперу
computer
комп'ютер
scaun
стілець

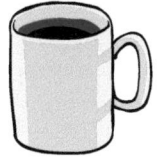

ceașcă de cafea

кавовий кухоль

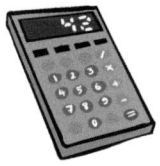

calculator

калькулятор

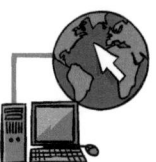

internet

інтернет

laptop

ноутбук

scrisoare

лист

mesaj

повідомлення

telefon mobil

мобільний телефон

rețea

мережа

copiator

копіювальний пристрій

software

програмне забезпечення

telefon

телефон

priză

розетка

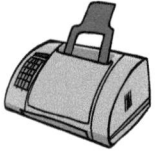

fax

факс

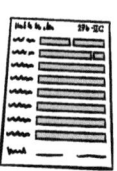

formular

бланк

document

документ

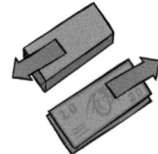

a cumpăra

купувати

a plăti

платити

a face comerţ

торгувати

bani

гроші

Dolar

долар

Euro

євро

Yen

ієна

Rublă

рубль

Franc Elveţian

франк

renminbi yuan

юанів женьміньбі

Rupie

рупія

bancomat

банкомат

casă de schimb valutar

обмінний пункт

aur

золото

argint

срібло

petrol

нафта

energie

енергія

preţ

ціна

contract

контракт

impozit

податок

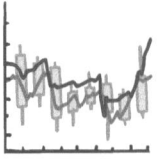

acţiune

акція

a munci

працювати

angajat

працівник

angajator

роботодавець

fabrică

фабрика

magazin

магазин

ocupații
професії

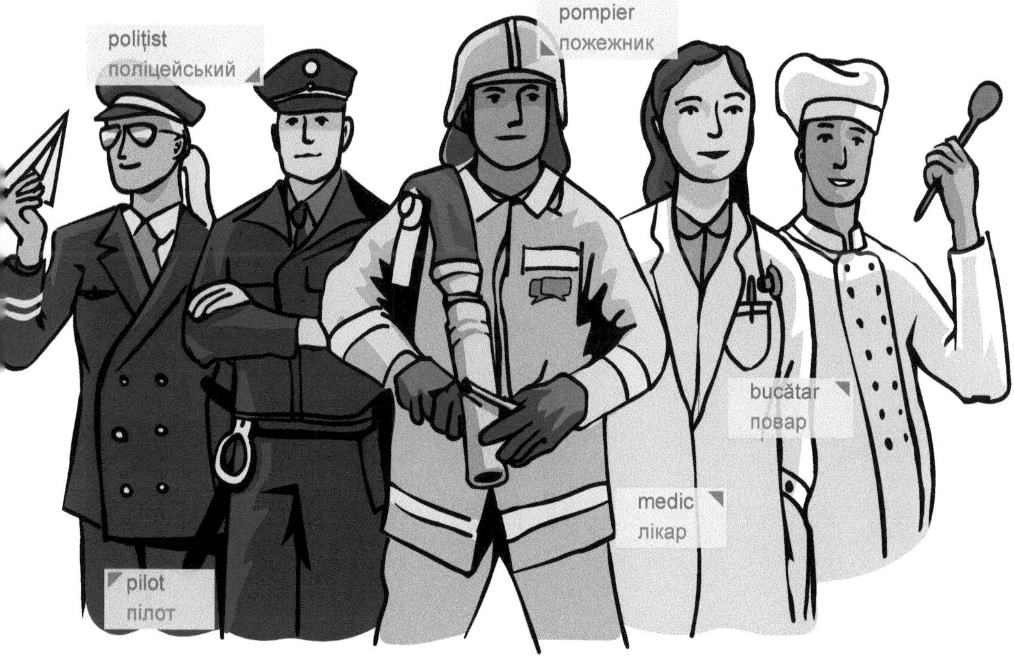

polițist
поліцейський
pompier
пожежник
bucătar
повар
medic
лікар
pilot
пілот

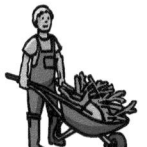

grădinar

садівник

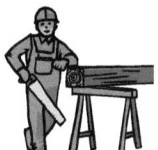

tâmplar

столяр

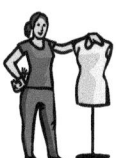

cusătoreasă

швачка

judecător

суддя

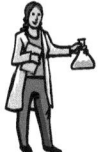

chimist

хімік

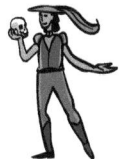

actor

актор

şofer de autobuz

водій автобуса

şofer de taxi

таксист

pescar

рибалка

femeie de serviciu

прибиральниця

tinichigiu

покрівельник

chelnăr

офіціант

vânător

мисливець

pictor

художник

brutar

пекар

electrician

електрик

muncitor în construcţii

будівельник

inginer

інженер

măcelar

забійник

instalator

бляхар

poştaş

листоноша

soldat

солдат

arhitect

архітектор

casier

касир

florar

флорист

frizer

перукар

controlor

кондуктор

mecanic

механік

căpitan

капітан

stomatolog

дантист

om de știință

вчений

rabin

рабин

imam

імам

călugăr

монах

preot

пастор

instrumente
інструменти

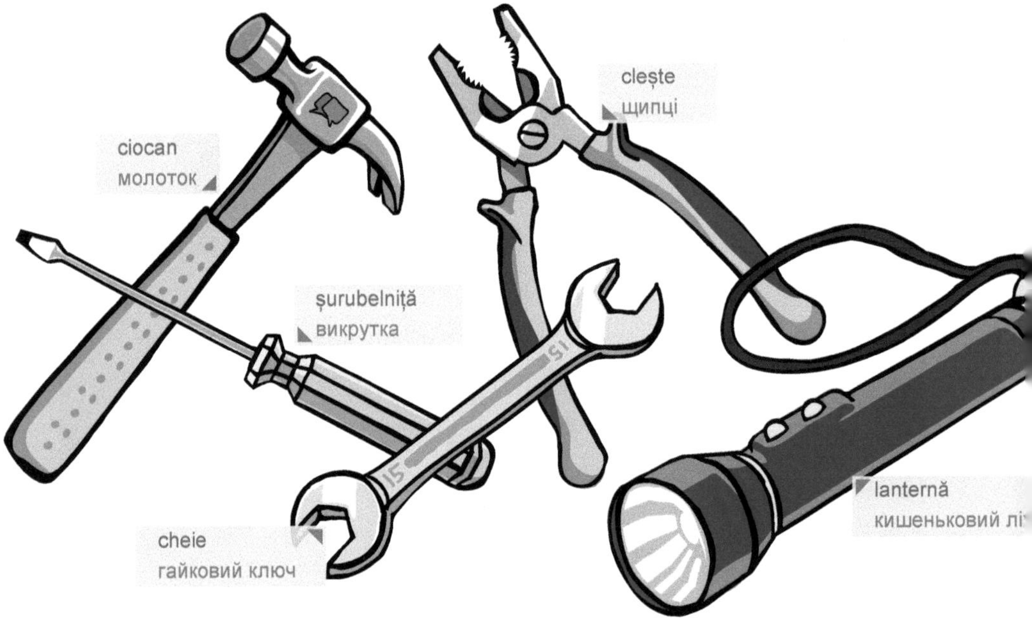
ciocan
молоток
clește
щипці
șurubelniță
викрутка
cheie
гайковий ключ
lanternă
кишеньковий лі

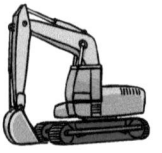

excavator

екскаватор

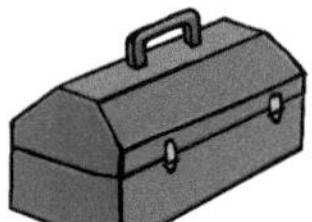

cutie de scule

ящик для інструментів

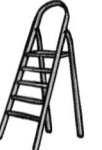

scară

драбина

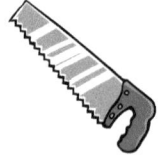

ferăstrău

пилка

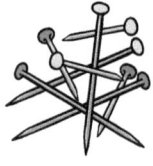

cuie

цвяхи

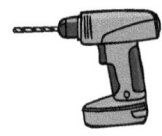

burghiu

свердло

a repara

ремонтувати

lopată

лопата

La naiba!

лайно!

făraş

совок

vas pentru vopsea

відро з фарбою

şuruburi

гвинти

instrumente muzicale
музичні інструменти

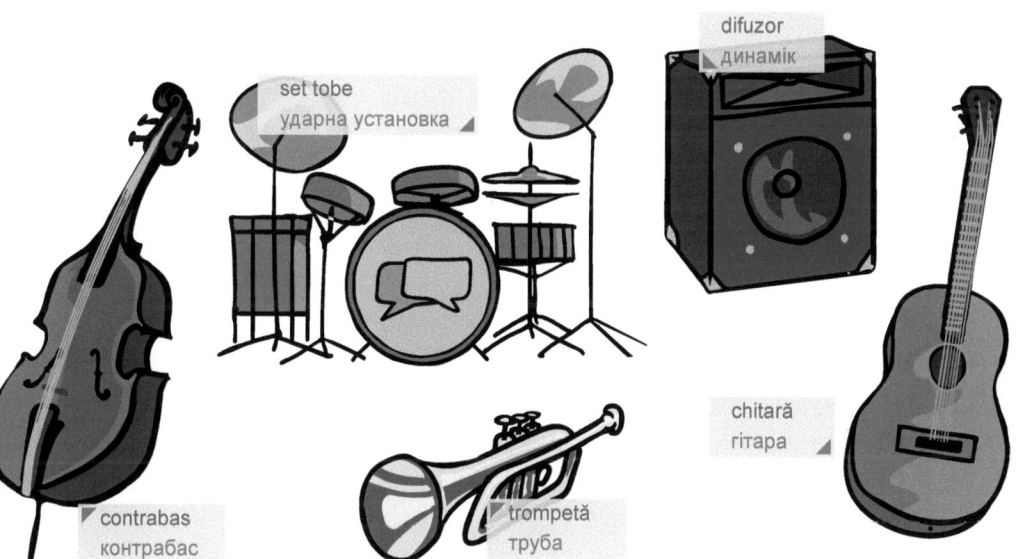

difuzor
динамік

set tobe
ударна установка

chitară
гітара

contrabas
контрабас

trompetă
труба

pian

фортепіано

vioară

скрипка

bas

бас

trombon

литаври

tobă

барабан

keyboard

клавіатура

saxofon

саксофон

fluier

флейта

microfon

мікрофон

grădină zoologică

зоопарк

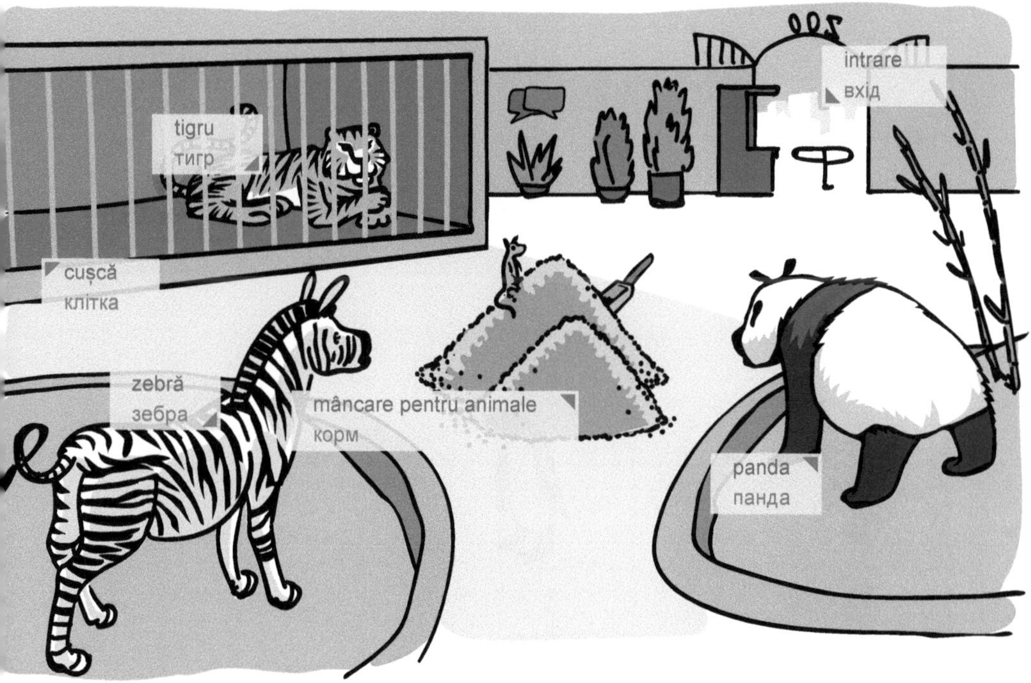

zoo
intrare
вхід
tigru
тигр
cuşcă
клітка
zebră
зебра
mâncare pentru animale
корм
panda
панда

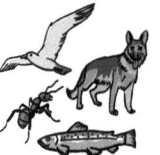

animale
твaрини

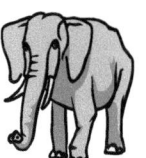

elefant
слон

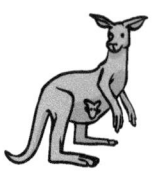

cangur
кенгуру

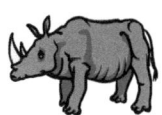

rinocer
носоріг

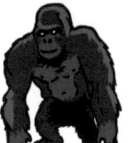

gorilă
горила

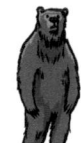

urs
ведмідь

cămilă

верблюд

struț

страус

leu

лев

maimuță

мавпа

flamingo

фламінго

papagal

папуга

urs polar

білий ведмідь

pinguin

пінгвін

rechin

акула

păun

павич

șarpe

змія

crocodil

крокодил

îngrijitor grădina zoologică

працівник зоопарку

focă

тюлень

jaguar

ягуар

ponei

пони

leopard

леопард

hipopotam

гіпопотам

girafă

жираф

acvilă

орел

porc mistreţ

кабан

peşte

риба

broască ţestoasă

черепаха

morsă

морж

vulpe

лисиця

gazelă

газель

fotbal american
американський футбол

ciclism
їзда на велосипеді

tenis
теніс

basketball
баскетбол

înot
плавання

box
бокс

hockey pe gheață
хокей

fotbal
футбол

badminton
бадмінтон

atletism
легка атлетика

handbal
гандбол

schi
лижні перегони

polo
поло

activități
дії

a sări
стрибати
a îmbrățișa
обіймати
a râde
сміятися
a merge
йти
a cânta
співати
a visa
мріяти
a se ruga
молитися
a săruta
цілувати

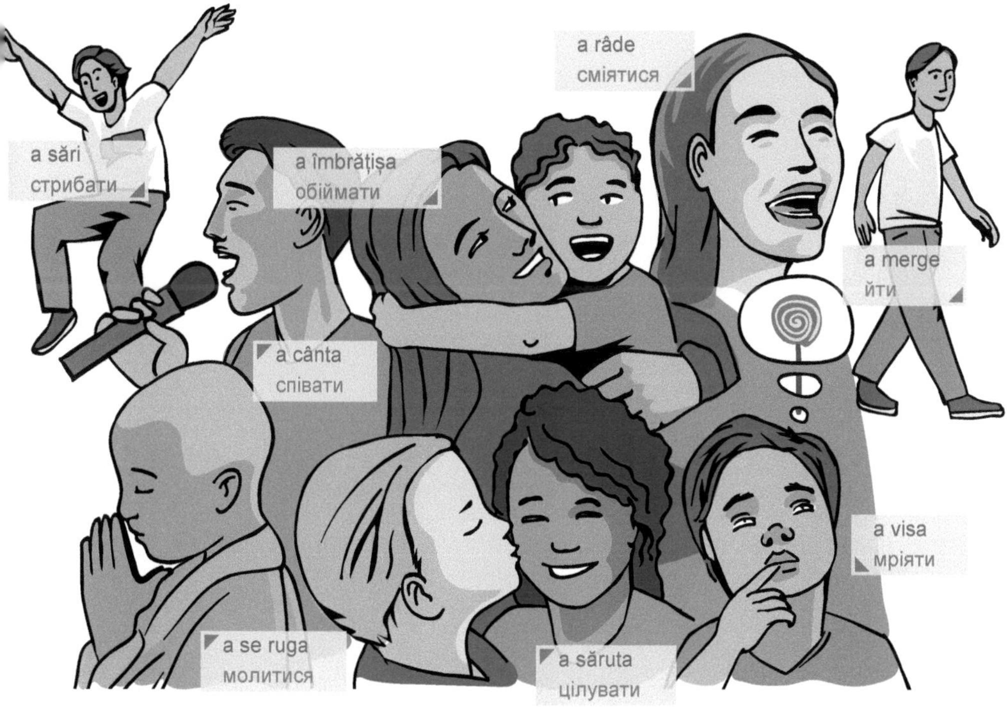

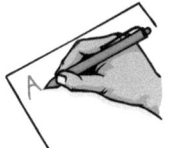

a scrie

писати

a desena

малювати

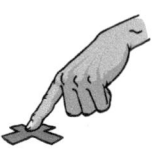

a arăta

показувати

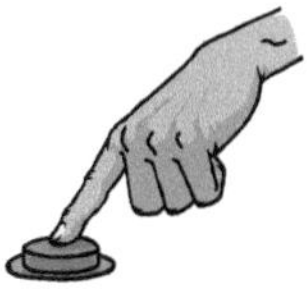

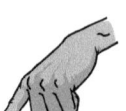

a împinge

тиснути

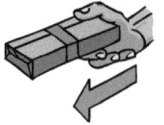

a da

давати

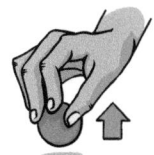

a lua

брати

a avea

мати

a face

робити

a fi

бути

a sta în picioare

стояти

a fugi

бігати

a trage

тягнути

a arunca

кидати

a cădea

падати

a sta întins

лежати

a aştepta

очікувати

a purta

носити

a şedea

сидіти

a se îmbrăca

одягати

a dormi

спати

a se trezi

просипатися

a privi

дивитися

a plânge

плакати

a mângâia

гладити

a se pieptăna

розчісувати

a vorbi

розмовляти

a înțelege

розуміти

a întreba

питати

a asculta

слухати

a bea

пити

a mânca

їсти

a face ordine

прибирати

a iubi

любити

a găti

варити

a conduce

їхати

a zbura

літати

a naviga

йти під вітрилом

a calcula

рахувати

a citi

читати

a învăța

вчитися

a munci

працювати

a se căsători

одружуватися

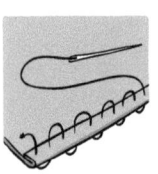

a coase

шити

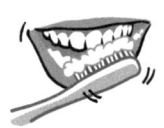

a se spăla pe dinți

чистити зуби

a ucide

убивати

a fuma

курити

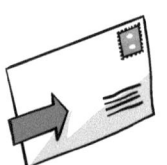

a trimite

посилати

bunică
бабуся

bunic
дідуся

tată
батько

mamă
мати

bebeluș
немовля

soră
донька

fiu
син

oaspete

гість

mătușă

тітка

unchi

дядько

frate

брат

soră

сестра

corp

тіло

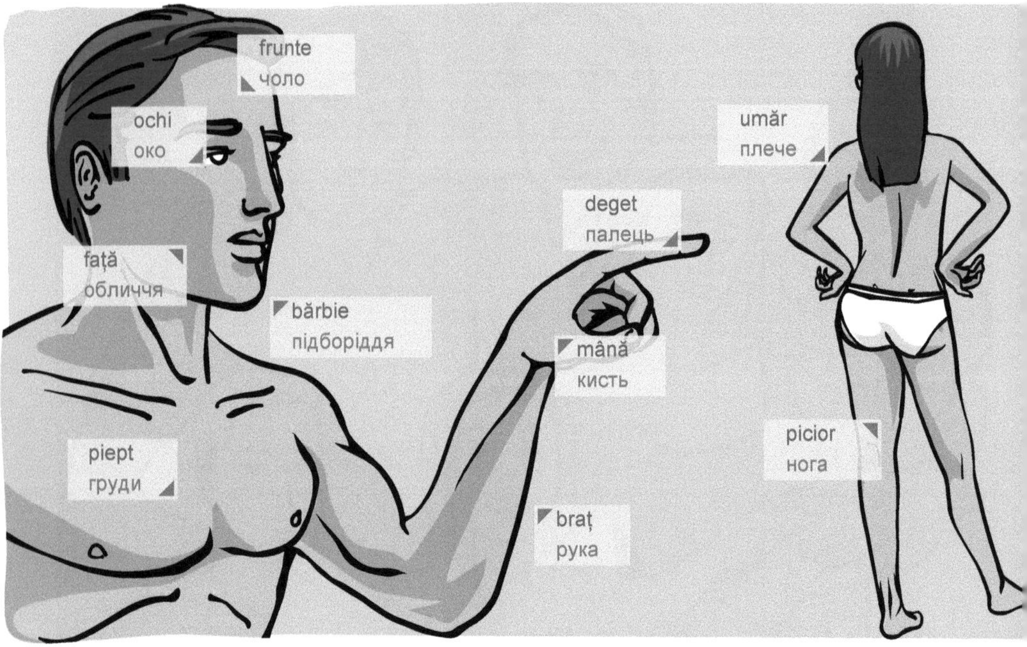

frunte
чоло
ochi
око
umăr
плече
deget
палець
față
обличчя
bărbie
підборіддя
mână
кисть
piept
груди
picior
нога
braț
рука

bebeluș

немовля

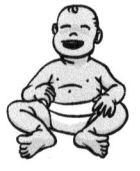

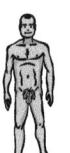

bărbat

чоловік

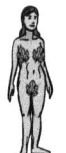

femeie

жінка

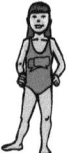

fată

дівчина

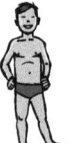

băiat

хлопчик

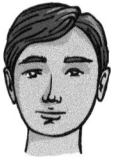

cap

голова

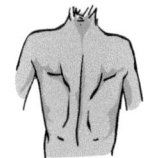

spate

спина

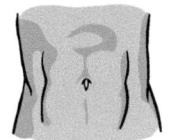

abdomen

живіт

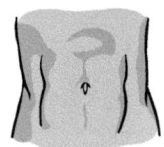

ombilic

пуп

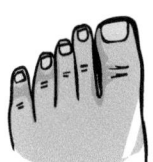

deget de la picior

палець ноги

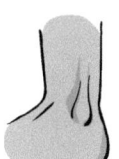

călcâi

п'ята

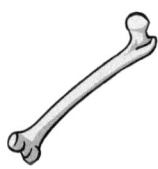

os

кістка

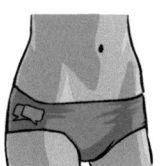

șold

стегно

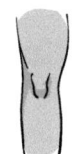

genunchi

коліно

cot

лікоть

nas

ніс

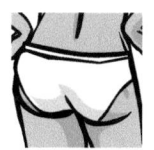

fund

сідниці

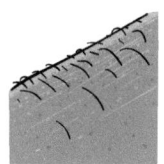

piele

шкіра

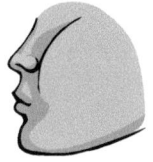

obraz

щока

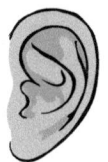

ureche

вухо

buză

губа

corp - тіло

gură

рот

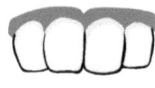

dinte

зуб

limbă

язик

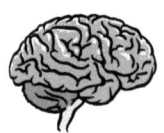

creier

мозок

inimă

серце

mușchi

м'яз

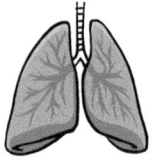

plămân

легені

ficat

печінка

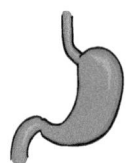

stomac

шлунок

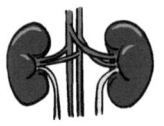

rinichi

нирки

sex

статевий акт

prezervativ

презерватив

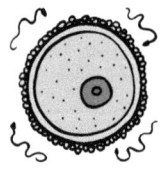

ovul

яйцеклітина

spermă

сперма

sarcină

вагітність

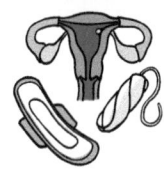

menstruaţie

менструація

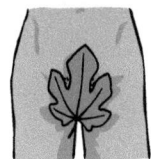

vagin

вагіна

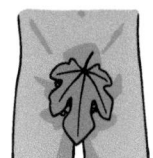

penis

пеніс

sprânceană

брова

păr

волосся

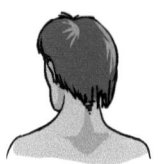

gât

шия

corp - тіло

spital
лікарня

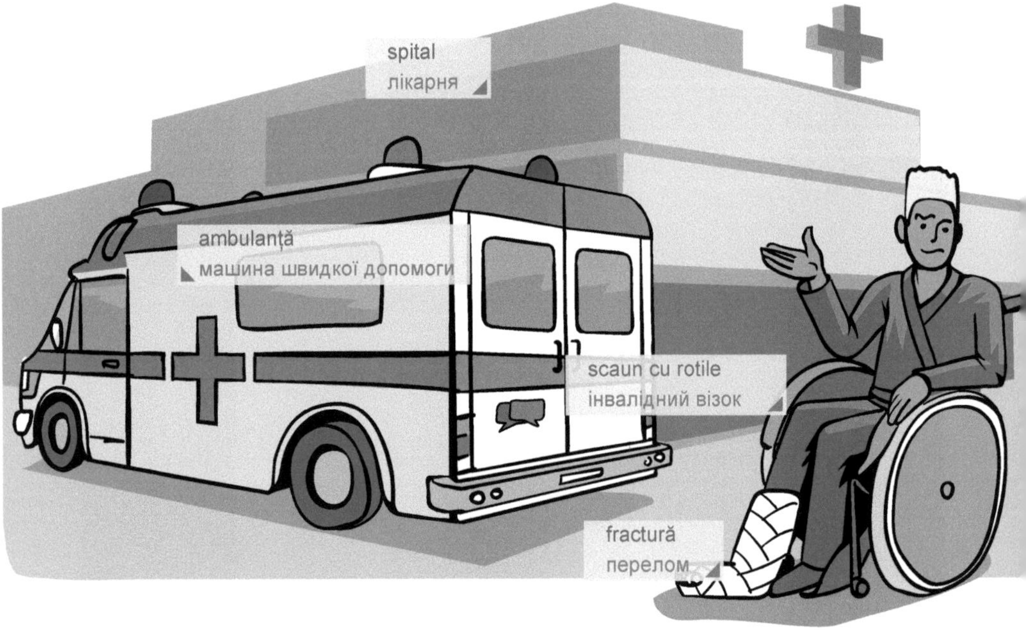

spital
лікарня
ambulanță
машина швидкої допомоги
scaun cu rotile
інвалідний візок
fractură
перелом

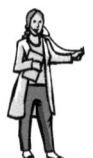

medic

лікар

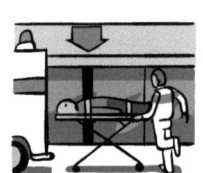

unitate de primiri urgențe

відділення швидкої медичної допомоги

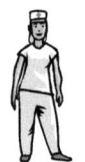

soră medicală

медсестра

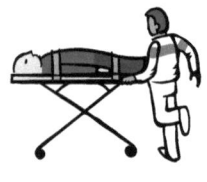

urgență

аварійний випадок

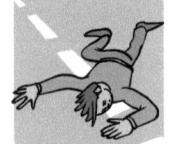

inconștient

непритомний

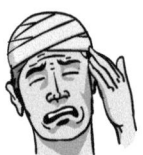

durere

біль

leziune

травма

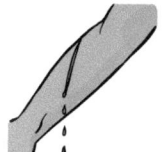

sângerare

кровотеча

infarct miocardic

інфаркт

atac cerebral

інсульт

alergie

алергія

tuse

кашель

febră

лихоманка

gripă

грип

diaree

пронос

durere de cap

головна біль

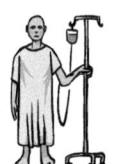

cancer

рак

diabet

діабет

chirurg

хірург

scalpel

скальпель

operație

операція

CT

КТ

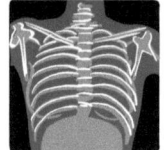

raze Röntgen

рентген

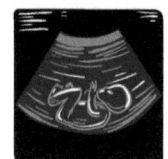

ultrasunet

ультразвук

mască

маска

boală

хвороба

sală de așteptare

зал очікування

cârjă

милиця

plasture

пластир

bandaj

пов'язка

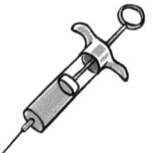

injecție

ін'єкція

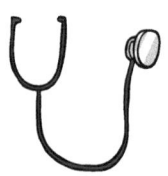

stetoscop

стетоскоп

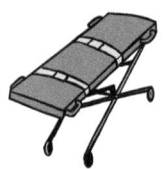

targă

ноші

termometru

термометр

naștere

народження

supraponderabilitate

надмірна вага

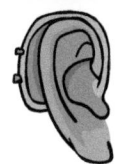

aparat auditiv

слуховий апарат

dezinfectant

дезінфікуючий засіб

infecţie

інфекція

virus

вірус

HIV/SIDA

ВІЛ / СНІД

medicină

медицина

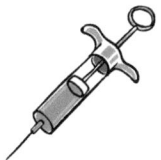

vaccin

вакцинація

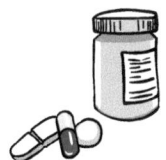

tablete

таблетки

pastilă

протизаплідна пігулка

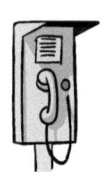

apel de urgenţă

екстрений виклик

aparat de măsurare a
presiunii arteriale

тонометр

bolnav/sănătos

хворий / здоровий

Ajutor!

Допоможіть!

alarmă

сигнал тривоги

agresiune

напад

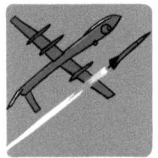

atac

атака

pericol

небезпека

ieşire de urgenţă

аварійний вихід

Foc!

Вогонь!

extinctor

вогнегасник

accident

аварія

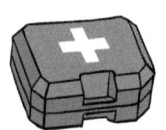

trusă de prim-ajutor

аптечка

SOS

СОС

poliţie

поліція

Europa

Європа

America de Nord

Північна Америка

America de Sud

Південна Америка

Africa

Африка

Asia

Азія

Australia

Австралія

Altantic

Атлантика

Pacific

Тихий океан

Oceanul Indian

Індійський океан

Oceanul Antarctic

Антарктичний океан

Oceanul Arctic

Північний Льодовитий океан

Polul Nord

Північний полюс

Polul Sud

Південний полюс

Antarctica

Антарктика

pământ

Земля

țară

суша

mare

море

insulă

острів

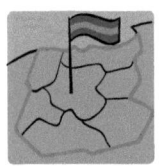

națiune

нація

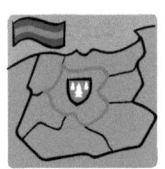

stat

держава

cadran

циферблат

orar

годинникова стрілка

minutar

хвилинна стрілка

secundar

секундна стрілка

Cât e ceasul?

Котра година?

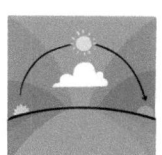

zi

день

timp

час

acum

зараз

cead digital

цифровий годинник

minut

хвилина

oră

година

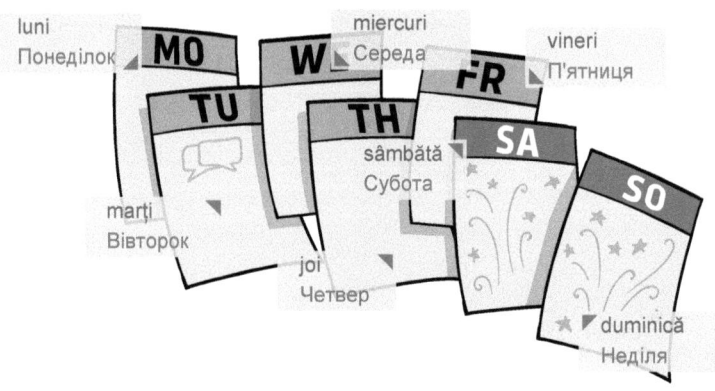

luni
Понеділок

miercuri
Середа

vineri
П'ятниця

marți
Вівторок

sâmbătă
Субота

joi
Четвер

duminică
Неділя

ieri

вчора

azi

сьогодні

mâine

завтра

dimineață

ранок

amiază

опівдні

seară

вечір

zile lucrătoare

робочі дні

week-end

кінець робочого тижня

an

рік

curcubeu
веселка
ploaie
дощ
vânt
вітер
zăpadă
сніг
primăvară
весна
toamnă
осінь
vară
літо
iarnă
зима

4.APRIL 11°
5.APRIL 4°
6.APRIL 13°
7.APRIL 8°
8.APRIL 10°

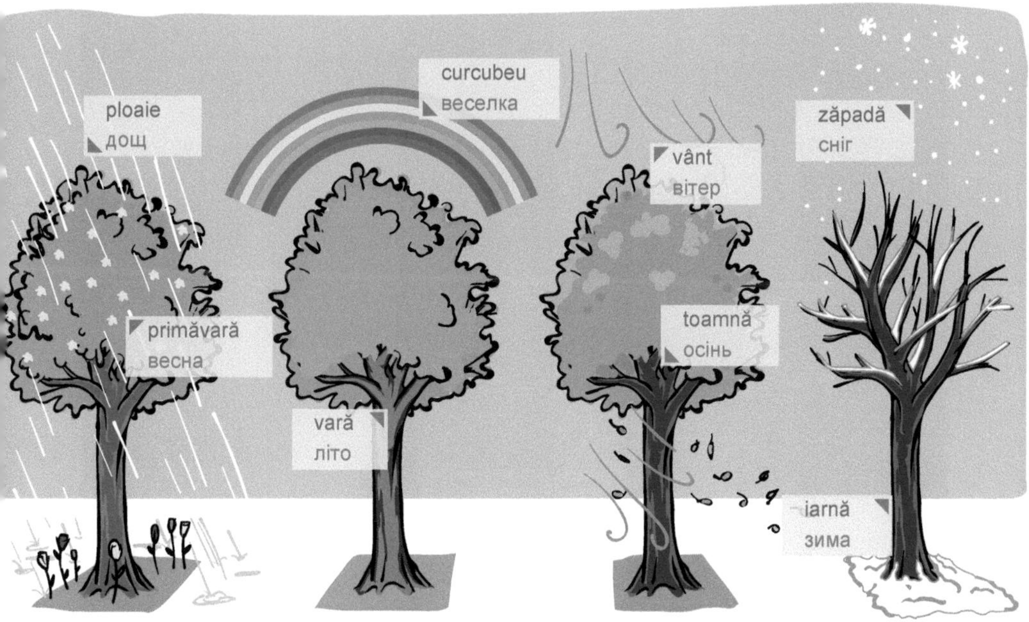

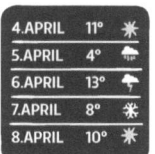

prognoză meteo

прогноз погоди

F
C
120
90
60
30
0
-30
40
30
20

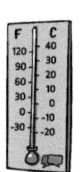

termometru

термометр

lumina soarelui

сонячне світло

nor

хмара

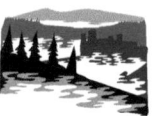

ceață

туман

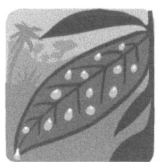

umiditate a aerului

вологість повітря

fulger

блискавка

tunet

грім

furtună

шторм

grindină

град

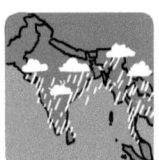

muson

мусон

inundaţie

повінь

gheaţă

лід

ianuarie

Січень

februarie

Лютий

martie

Березень

aprilie

Квітень

mai

Травень

iunie

Червень

iulie

Липень

august

Серпень

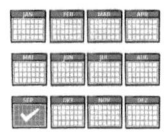

septembrie
....
Вересень

octombrie
....
Жовтень

noiembrie
....
Листопад

decembrie
....
Грудень

forme

форми

cerc
....
круг

pătrat
....
квадрат

dreptunghi
....
прямокутник

triunghi
....
трикутник

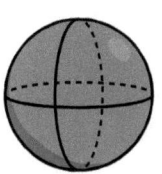

sferă
....
куля

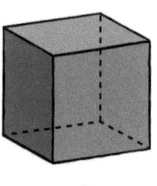

cub
....
куб

alb

білий

galben

жовтий

portocaliu

помаранчевий

roz

рожевий

roșu

червоний

violet

фіолетовий

albastru

синій

verde

зелений

maro

коричневий

gri

сірий

negru

чорний

mult/puțin

багато / мало

furios/calm

лютий / мирний

frumos/urât

гарний / бридкий

început/sfârșit

початок / кінець

mare/mic

великий / малий

luminos/întunecat

світлий / темний

frate/soră

брат / сестра

curat/murdar

чистий / брудний

complet/incomplet

завершений /
незавершений

zi/noapte

день / ніч

mort/viu

мертвий / живий

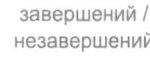

lat/strâmt

широкий / вузький

comestibil/necomestibil

їстівний / неїстівний

rău/prietenos

злий / дружній

emoţionat/plictisit

збуджений / нудьгуючий

gras/slab

товстий / тонкий

primul/ultimul

спочатку / востаннє

prieten/inamic

друг / ворог

plin/gol

повний / порожній

tare/moale

жорсткий / м'який

greu/uşor

важкий / легкий

foame/sete

голод / спрага

bolnav/sănătos

хворий / здоровий

ilegal/legal

незаконний / законний

inteligent/stupid

розумний / дурний

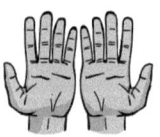

stânga/dreapta

вліво / вправо

aproape/departe

поруч / далеко

antonime - протилежності

nou/uzat

новий / використаний

nimic/ceva

нічого / щось

bătrân/tânăr

старий / молодий

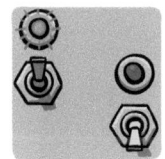

pornit/oprit

вкл / викл

deschis/închis

відкрито / закрито

încet/tare

тихо / гучно

bogat/sărac

багатий / бідний

corect/fals

правильно / неправильно

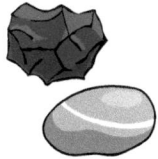

aspru/neted

шорсткий / гладкий

trist/fericit

сумний / щасливий

lung/scurt

короткий / довгий

încet/repede

повільно / швидко

ud/uscat

вологий / сухий

cald/rece

гарячий / холодний

război/pace

війна / мир

0

zero

нуль

1

unu

один

2

doi

два

3

trei

три

4

patru

чотири

5

cinci

п'ять

6

șase

шість

7

șapte

сім

8

opt

вісім

9

nouă

дев'ять

10

zece

десять

11

unsprezece

одинадцять

12

douăsprezece

дванадцять

13

treisprezece

тринадцять

14

paisprezece

чотирнадцять

15

cincisprezece

п'ятнадцять

16

șaisprezece

шістнадцять

17

șaptesprezece

сімнадцять

18

optsprezece

вісімнадцять

19

nouăsprezece

дев'ятнадцять

20

douăzeci

двадцять

100

o sută

сто

1.000

o mie

тисяча

1.000.000

un milion

мільйон

cifre - числа

engleză

англійська

engleză americană

американська англійська

chineza mandarină

китайська
високочиновницька

hindi

хінді

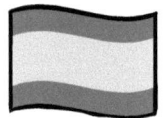

spaniolă

іспанська

franceză

французька

arabă

арабська

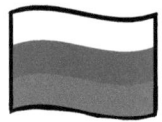

rusă

російська

protugheză

португальська

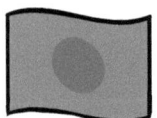

bengaleză

бенгальська

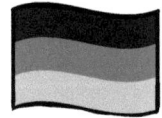

germană

німецька

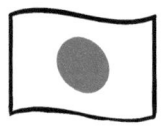

japoneză

японська

eu

я

tu

ти

el/ea

він / вона / воно

noi

ми

voi

ви

ea

вони

cine?

хто?

ce?

що?

cum?

як?

unde?

де?

când?

коли?

nume

ім'я

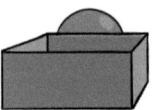

în spate

ззаду

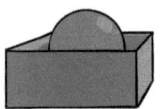

în

в

înainte

перед

peste

над

pe

на

sub

під

lângă

біля

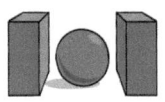

între

між

loc

місце